알파벳

A a
[에이]

apple
애플
사과

B b
[비이]

bag
백
가방

C c
[씨이]

cap
캡
모자

D d
[디이]

desk
데스크
책상

E e
[이-]

egg
엑
계란

F f
[에프]

food
푸-드
음식

G g
[쥐이]

glass
글래스
유리잔

H h
[에이취]

hand
핸드
손

I i
[아이]

ice
아이스
얼음

J j
[쥐에이]

jam
쥐엠
잼

K k
[케이]

key
키-
열쇠

L l
[엘]

lion
라이언
사자

M m
[엠]

map
맵
지도

T t
[티-]

tiger
타이걸
호랑이

N n
[엔]

neck
넥
목

U u
[유-]

uncle
엉끌
아저씨

O o
[오우]

orange
어-륀쥐
오렌지

V v
[브 -]

violin
봐이얼린
바이올린

P p
[피-]

pencil
펜쓸
연필

W w
[더블유]

watch
왓취
손목시계

Q q
[큐-]

queen
퀴이-ㄴ
여왕

X x
[엑스]

Xmas
크리스머스
크리스마스

R r
[아-ㄹ]

ring
링
반지

Y y
[와이]

yellow
옐로우
노란색

S s
[에스]

sofa
쏘우풔
소파

Z z
[직 -]

zoo
주-
동물원

차 례

새편집 **엄마**
알파벳·단어
어떻게 배워요

기획 : Y&M 어학연구소

와이앤엠

알파벳 A a의 쓰는 순서를 배우고 부록편에 써 봅시다.

알파벳 B b의 쓰는 순서를 배우고 부록편에 써 봅시다.

알파벳 단어 따라쓰기

⭐ 알파벳 a b로 시작하는 단어를 배워 봅시다.

air

공기 에어

ant

개미 앤트

apple

사과 애쁠

arm

팔 아-암

bag

가방 백

ball

공 버얼

bear

곰 베어ㄹ

bee

벌 비-

bed

침대 뱃

★ 과일의 이름을 배워 봅시다.

banana

바나나 버내너

grape

포도 그뢰입

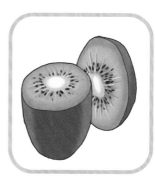

kiwi

키위 키-위-

lemon

레몬 레먼

melon

멜론 멜런

orange

오렌지 어-뢴쥐

pear

배 페얼

peach

복숭아 피-치

tomato

토마토 터메이토

1.서로 알맞은 것끼리 선으로 연결해 봅시다.

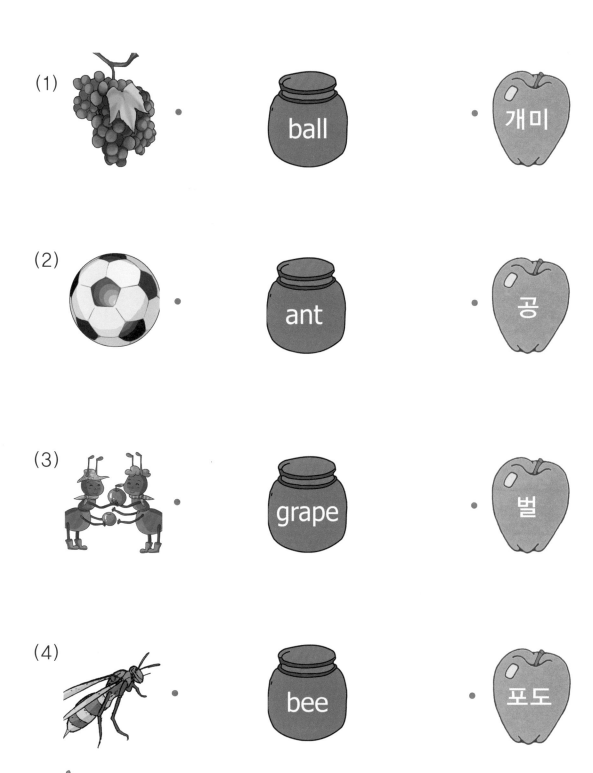

(1)

ball

개미

(2)

ant

공

(3)

grape

벌

(4)

bee

포도

2.아래 ▨▨▨ 속에서 알맞은 아파벳을 찾아 단어를 완성해 봅시다.

(1)

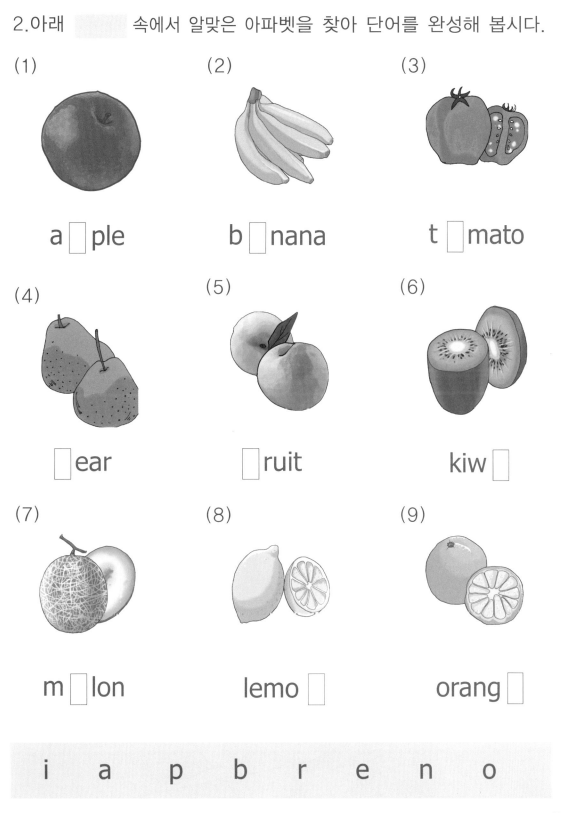

a☐ple

(2)

b☐nana

(3)

t☐mato

(4)

☐ear

(5)

☐ruit

(6)

kiw☐

(7)

m☐lon

(8)

lemo☐

(9)

orang☐

i   a   p   b   r   e   n   o

알파벳 C c의 쓰는 순서를 배우고 부록편에 써 봅시다.

알파벳 D d의 쓰는 순서를 배우고 부록편에 써 봅시다.

⭐ 알파벳 c d로 시작하는 단어를 배워 봅시다.

cap
모자 캡

car
자동차 카-ㄹ

case
상자 케이쓰

clothes
옷 클로우즈

desk
책상 데스크

doll
인형 덜

coat
외투 코웃

dog
개 더-ㄱ

duck
오리 더-ㄱ

★ 옷· 모자· 장난감의 이름을 배워 봅시다.

pants
바지 팬츠

skirt
치마 스꺼얼트

socks
양말 싹스

gloves
장갑 글러브즈

umbrella
우산 엄브뤄ㄹ러

shoes
구두 슈-

truck
트럭 츄뤄ㄱ

toy
장난감 터이

robot
로봇 로우벗

1. 서로 알맞은 것끼리 선으로 연결해 봅시다.

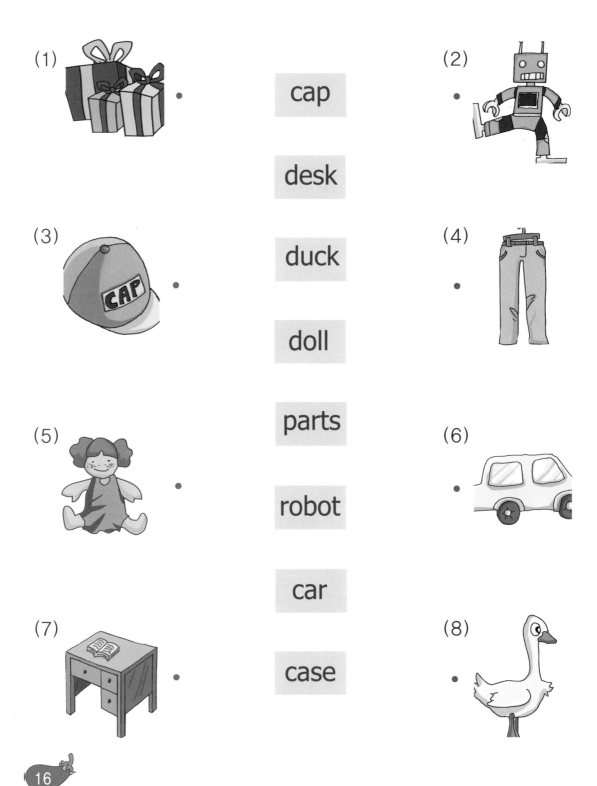

(1)

(2)

cap

desk

(3)

(4)

duck

doll

parts

(5)

(6)

robot

car

(7)

case

(8)

2.그림과 맞게 짝지어진 단어에 o표를 하고 오른쪽에 써 봅시다.

(1)

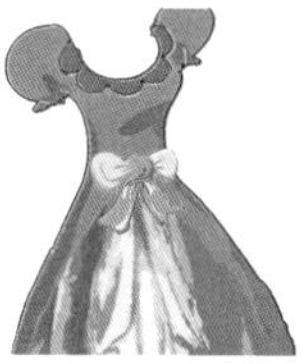

dress    deer

dress

(2)

ship    skirt

(3)

umbrella    uncle

(4)

toy    tiger

(5)

ribbon    robot

알파벳 Ｅｅ의 쓰는 순서를 배우고 부록편에 써 봅시다.

알파벳 F f의 쓰는 순서를 배우고 부록편에 써 봅시

⭐ 알파벳 e f로 시작하는 단어를 배워 봅시다.

earth
지구 어-ㄹ쓰

egg
계란 엑

elephant
코끼리 엘러풔ㄴ트

eraser
지우개 이뢰이줘ㄹ

face
얼굴 풰 이스

family
가족 페뮬리

father
아버지 퐈-덜

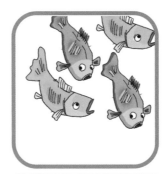

fish
물고기 퓌쉬

flower
꽃 플라워ㄹ

⭐ 우리몸의 이름을 배워 봅시다.

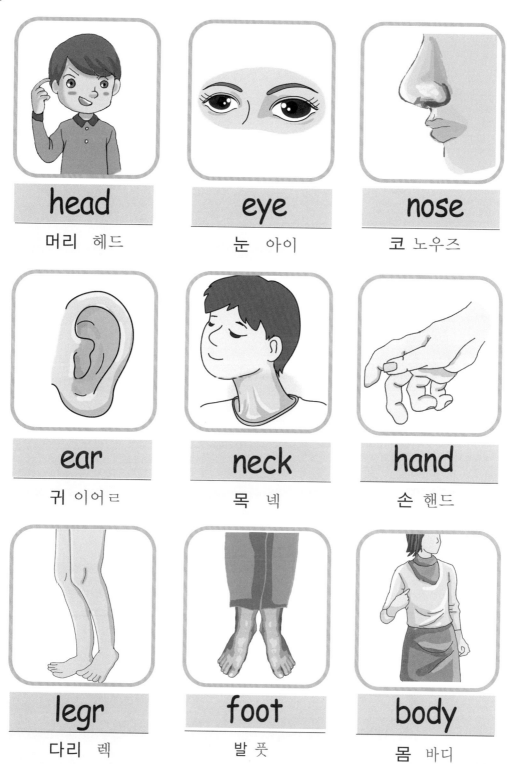

head

머리 헤드

eye

눈 아이

nose

코 노우즈

ear

귀 이어ㄹ

neck

목 넥

hand

손 핸드

legr

다리 렉

foot

발 풋

body

몸 바디

1. 그림에 알맞는 단어의 첫자를 오른쪽에서 찾아 써 봅시다.

(1)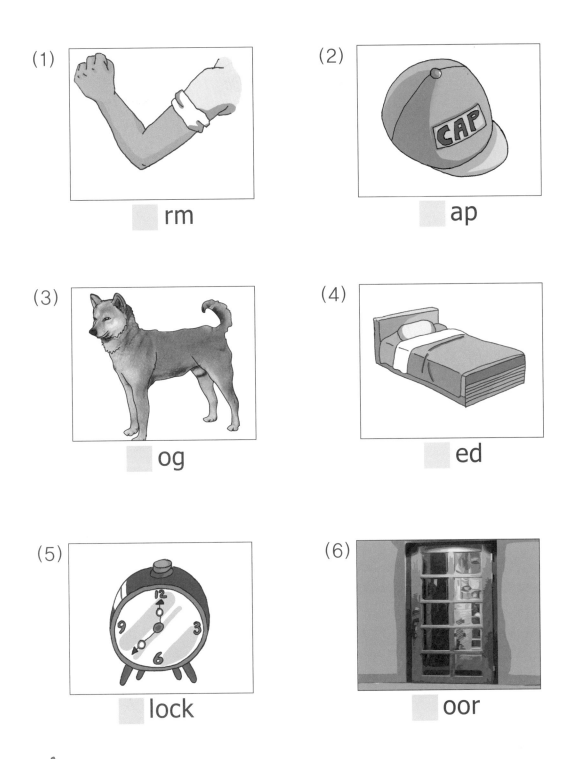
rm

(2)
ap

(3)
og

(4)
ed

(5)
lock

(6)
oor

2. 아래에서 그림에 알맞는 단어를 선 위에 찾아 써 봅시다.

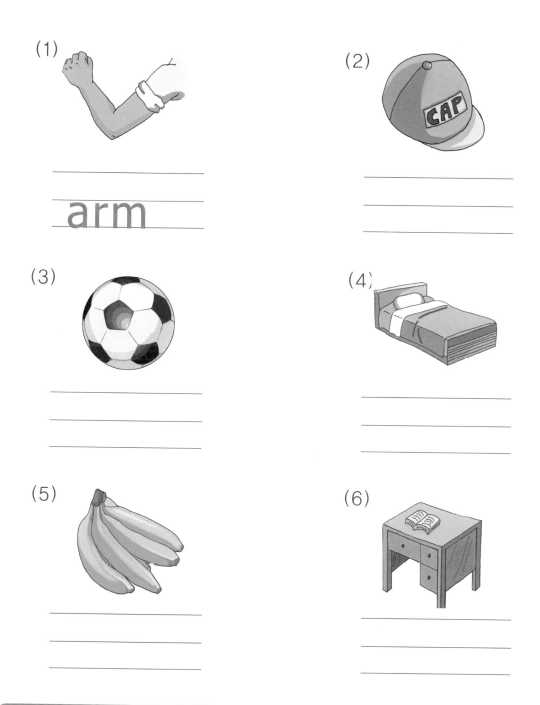

(1)

arm

(2)

(3)

(4)

(5)

(6)

ball cloc   bed   door arm   dog desk   cap   banana

알파벳 *G g*의 쓰는 순서를 배우고 부록편에 써 봅시다.

알파벳 H h의 쓰는 순서를 배우고 부록편에 써 봅시다.

⭐ 알파벳 g h로 시작하는 단어를 배워 봅시다.

garden
정원 가-ㄹ든

glass
유리컵 글래스

glove
장갑 글러브

grape
포도 그뢰입

grass
잔디밭 그뢰스

green
초록색 그뤼인

hill
언덕 힐

hat
모자 햇

hen
암탉 헨

⭐ 동물의 이름을 배워 봅시다.

cat

고양이 캣

bear

곰 베어ㄹ

pig

돼지 픽

rabbit

토끼 뢰빗

deer

사슴 디어ㄹ

lion

사자 라이언

tiger

호랑이 타이거ㄹ

sheep

양 쉽

monkey

원숭이 멍키

1.서로 맞은 것끼리 선으로 연결해 봅시다.

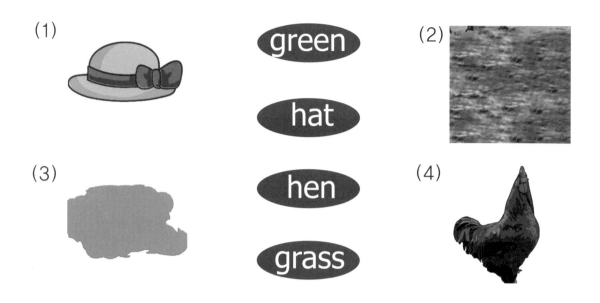

(1)

green

hat

(2)

(3)

hen

grass

(4)

2.사다리를 따라가 영어에 맞는 우리말을 써넣어 봅시다.

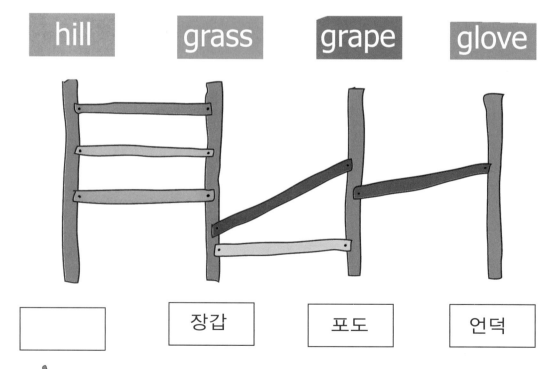

hill　　　grass　　　grape　　　glove

| | 장갑 | 포도 | 언덕 |

3.그림과 맞게 짝지어진 단어에 o표를 하고 오른쪽에 써 봅시다.

(1)

deer

◯ dress

dress

(2)

hill

hen

(3)

pig

cat

(4)

tiger

lion

알파벳 Ⅰi의 쓰는 순서를 배우고 부록편에 써 봅시다.

알파벳 J j의 쓰는 순서를 배우고 부록편에 써 봅시다.

⭐ 알파벳 i j로 시작하는 단어를 배워 봅시다.

ice
얼음 아이스

ink
잉크 잉크

island
섬 아일런드

in
안에 인

jam
잼 줴엠

job
직업 좝

juice
주스 쥬-스

jump
뛰다 줘ㅁ프

jungle
정글 줘ㅇ글

☆음식의 이름을 배워 봅시다.

bread
빵 브뤠드

beef
쇠고기 비-프

soup
수프 쑤웁

pork
돼지고기 포-ㄹ크

milk
우유 밀크

vegetable
야채 뵈쥐터블

oil
기름 오일

butter
버터 버터-

sandwich
샌드위치 샌드위치

1. 아래 ☐ 속에서 그림에 맞는 단어를 찾아 써 넣어 봅시다.

(1)

_____
_____
_____

(2)

_____
_____
_____

(3)

_____
_____
_____

(4)

_____
_____
_____

(5)

_____
_____
_____

(6)

_____
_____
_____

| jam | ice | milk | man | oil | pig |

2. 그림에 알맞는 단어의 첫자를 ☐ 속에 써 넣어 봅시다.

(1)

☐nk

(2)

☐range

(3)

☐ose

3.그림에 맞는 단어를   에서 골라 사다리를 따라 써 봅시다.

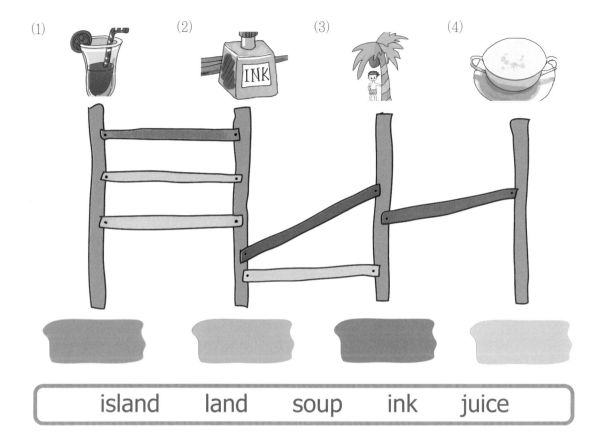

(1) (2) (3) (4)

island   land   soup   ink   juice

4.그림과 알맞은 것끼리 선으로 연결해 봅시다.

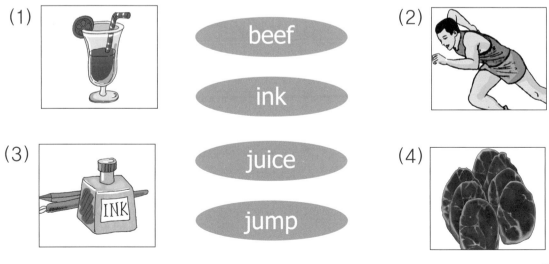

(1) beef (2)

ink

(3) juice (4)

jump

알파벳 K k의 쓰는 순서를 배우고 부록편에 써 봅시다.

알파벳 ㄴ ㅣ의 쓰는 순서를 배우고 부록편에 써 봅시다.

☆ 알파벳 k l로 시작하는 단어를 배워 봅시다.

key
열쇠 키-

king
왕 킹

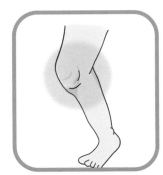

knee
무릎 니-

knife
칼 나이프

lake
호수 레익

lamp
등불 램프

land
육지 렌드

leg
다리 렉

lip
입술 립

⭐ 거실과 욕실의 이름을 배워 봅시다.

door
문 도-ㄹ

room
방 룸

bed
침대 벳

living room
거실 리빙룸-

mirror
거울 미뤄ㄹ

window
창문 윈도우

bathroom
욕실 배쓰룸-

toilet
변기 토일릿

sofa
소파 소우퍼

1.아래 　　　　 속에서 그림에 맞는 단어를 찾아 써 넣어 봅시다.

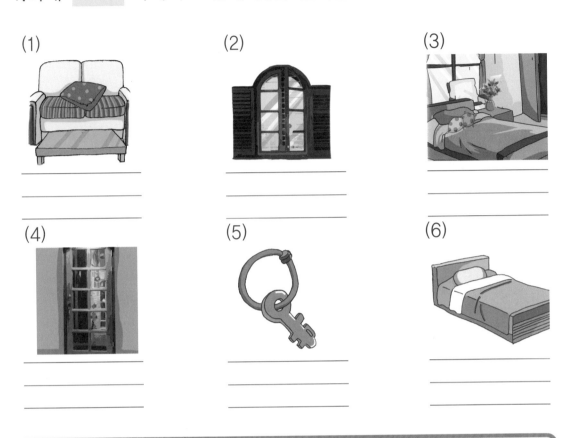

(1)

(2)

(3)

(4)

(5)

(6)

| key | sofa | room | door | bed | window |

2. 그림에 알맞는 단어의 첫자를 □ 속에 써 봅시다.

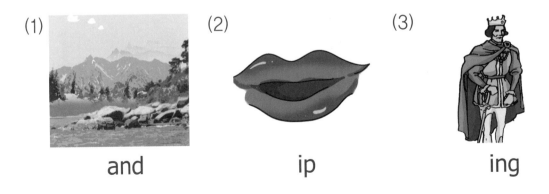

(1)

(2)

(3)

and

ip

ing

3. 다음 그림에 알맞은 것끼리 연결해 봅시다.

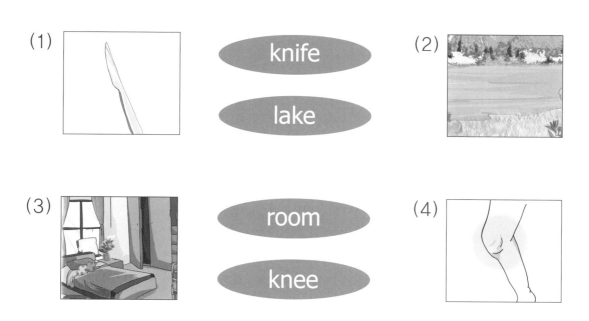

(1)

knife

lake

(2)

(3)

room

knee

(4)

4. 다음 ☐ 속에 알맞은 알파벳을 써 봅시다.

(1) 육지

l a ☐ d

(2) 열쇠

k ☐ y

(3) 소파

s ☐ f a

(4) 등불

l ☐ a m ☐

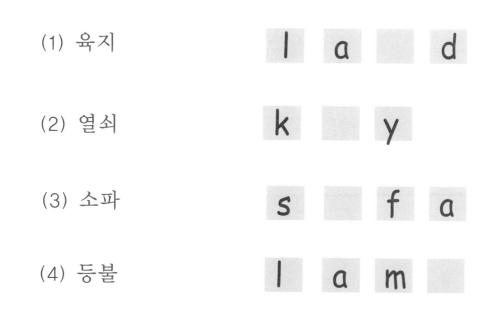

알파벳 N n의 쓰는 순서를 배우고 부록편에 써봅시다.

⭐ 알파벳 m n로 시작하는 단어를 배워 봅시다.

mail
우편 매일

man
남자 맨

map
지도 맵

markt
시장 마-르킷

money
돈 머니

moon
달 무-ㄴ

notebook
공책 노우트북

new
새로운 뉴-

night
밤 나잇

⭐ 가족의 이름을 배워 봅시다.

father
아버지 퐈-덜

mother
어머니 머덜

grandfather
할아버지 그랜드퐈덜

grandmother
할머니 그랜드머덜

uncle
아저씨 삼촌

aunt
아주머니 앤트

sister
여자형제 시스터-

brother
남자형제 브롸덜

baby
아기 베이비

1.다음 그림을 보고 맞은 단어에 ○표를 하세요.

(1)

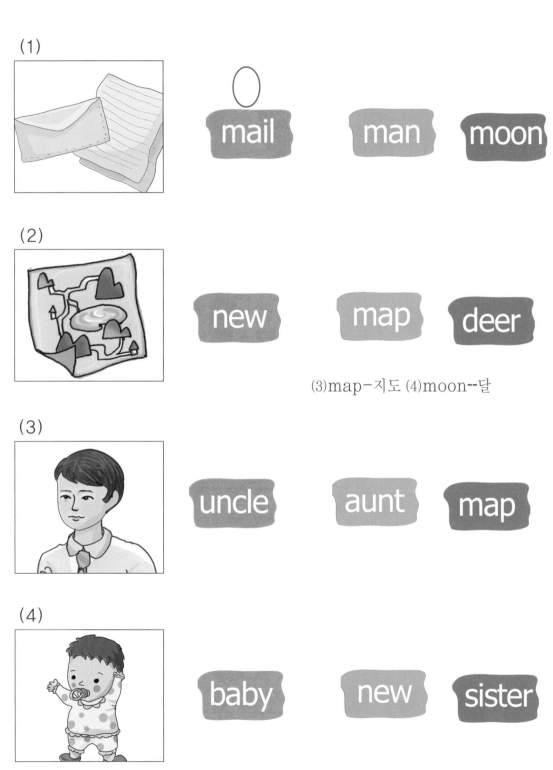

mail   man   moon

(2)

new   map   deer

(3)map-지도 (4)moon--달

(3)

uncle   aunt   map

(4)

baby   new   sister

2. 서로 맞은 것끼리 선으로 연결해 봅시다.

(1)

(2)

uncle

auntr

sister

(3)

(4)

brother

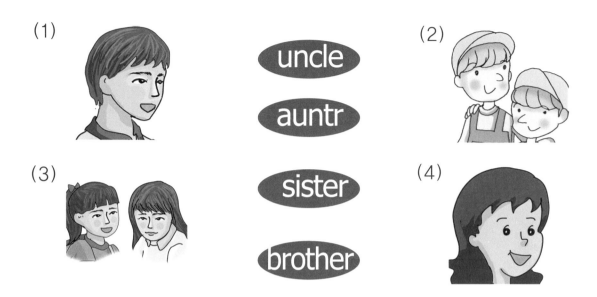

3. 사다리를 따라가 영어에 맞는 우리말을 써 넣어 봅시다.

(1) night　(2) man　(3) map　(4) moon

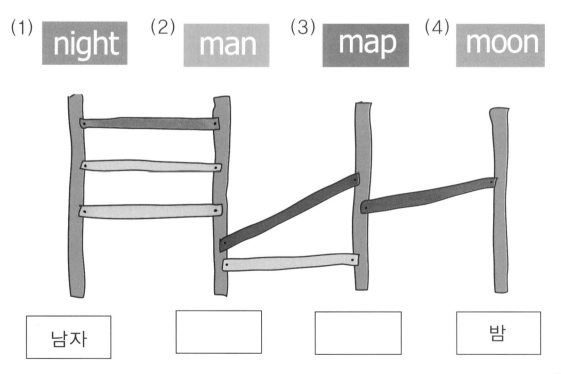

| 남자 | | | 밤 |

알파벳 O o의 쓰는 순서를 배우고 부록편에 써 봅시다.

알파벳 P p의 쓰는 순서를 배우고 부록편에 써 봅시다.

⭐ 알파벳 o p로 시작하는 단어를 배워 봅시다.

old
늙은 오울드

orange
오렌지 어륀쥐

pants
바지 팬츠

paper
종이 페이펄

park
공원 파-크

piano
피아노 피애노우

picnic
소풍 피크닉

pink
분홍색 핑크

play
연주하다 플레이

★ 학교 생활에서 본 여러 이름을 이름을 배워 봅시다.

pencil

연필 펜슐

bag

가방 백

book

책 북

desk

책상 데스크

school

학교 스쿨-

classroom

교실 클래스룸-

lesson

수업 레슨

teacher

선생님 티-처-

ruler

자 룰러스-

1. 그림을 보고 가로와 세로 열쇠를 풀어 봅시다.

(1)   (2)

(3)

```
      p        d
p  a  p     p     r
   r        s
            k
```

2. 서로 관계 있는 것끼리 선으로 연결해 봅시다.

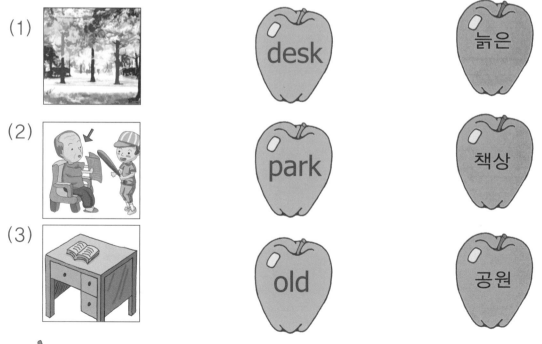

(1)   desk   늙은

(2)   park   책상

(3)   old   공원

3. 다음 그림에 알맞은 것끼리 연결해 봅시다.

(1)

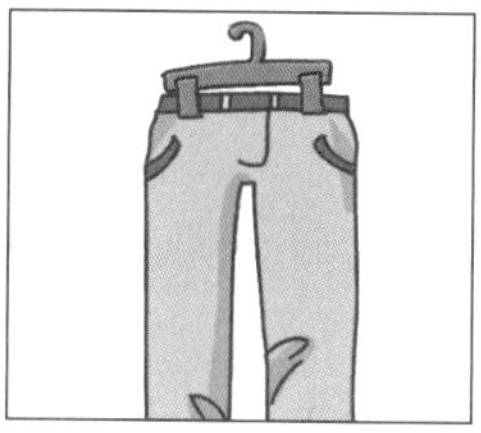

pants

piano

(2)

(3)

school

pink

(4)

4. 다음 그림에 알맞은 것끼리 연결해 보세요.

(1) 가방   b   g

(2) 연주하다   p   l   a

(3) 책   o   o   k

(4) 늙은   o   d

알파벳 Q q의 쓰는 순서를 배우고 부록편에 써 봅시다.

알파벳 R r의 쓰는 순서를 배우고 부록편에 써 봅시다.

queen
여왕 퀴이-ㄴ

quick
빠른 퀵

radio
라디오 뢰이디오

rainbow
무지게 뢰인보우

red
빨간색 뢰드

ring
반지 링

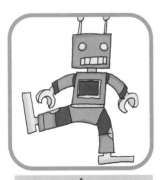

robot
로보트 로우벗

roof
지붕 루프

rich
부유한 륏취

🌟 자연의 이름을 배워 봅시다.

air

공기 에어

river

강 리버

wate

물 워-터

island

섬 아일런드

sea

바다 씨-

wind

바람 윈드

star

별 스타-

moon

달 무-ㄴ

rain

비 뢰인

1.서로 알맞은 것끼리 선으로 연결해 봅시다.

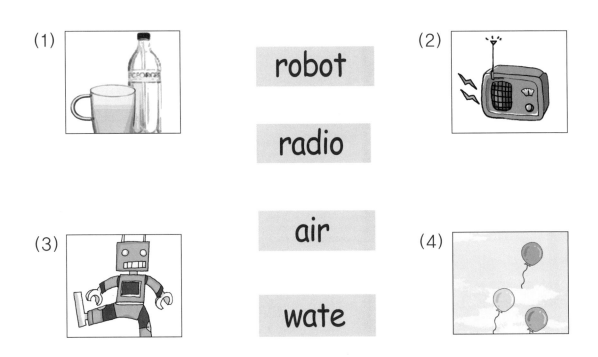

(1)

robot

radio

air

wate

(2)

(3)

(4)

2. 알파벳 순서를 바르게 하여 단어를 완성시켜 봅시다.

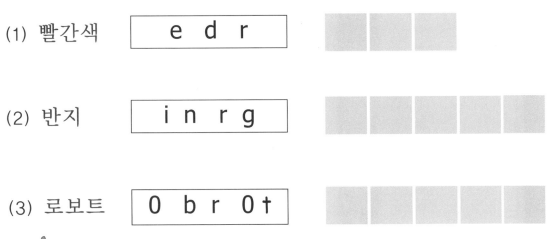

(1) 빨간색　　e d r

(2) 반지　　i n r g

(3) 로보트　　0 b r 0 t

3.우리말에 알맞은 영어 단어를 보기에서 골라 써 넣어 봅시다.

(1) 비

(2) 별

(3) 바람

(4) 바다

wind	sea	rain	star

4. 그림과 맞는 단어를 서로 연결해 봅시다.

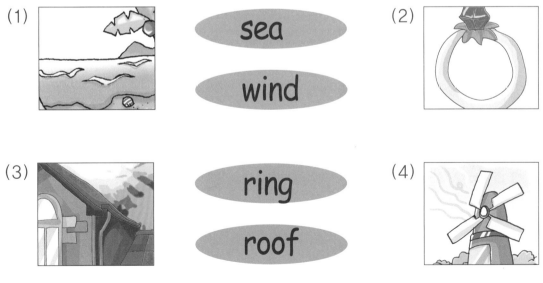

(1)

sea

wind

(2)

(3)

ring

roof

(4)

알파벳 S s의 쓰는 순서를 배우고 부록편에 써 봅시다.

알파벳 Ｔｔ의 쓰는 순서를 배우고 부록편에 써 봅시다.

☆ 알파벳 s t로 시작하는 단어를 배워 봅시다.

science
과학 싸이언스

shoe
구두 슈-

shop
가게 샵

skirt
치마 스꺼얼트

sky
하늘 스까이

station
역 스때이션

table
테이불 테이불

television
텔레비전 테레뷔젼

travel
여행 츄뤠블

⭐ 탈것의 이름을 배워 봅시다.

train

기차 츄뤠인

bus

버스 버스

car

자동차 카ー르

airplane

비행기 에어ー플레인

ship

배 쉽

truck

트럭 츄뤄ㄱ

taxi

택시 택시

subway

지하철 써브웨이

helicopter

헬리콥터 헬리캅터ー

1.다음 그림에 맞는 단어를 빈칸에 써 넣어 봅시다.

(1) _ar

(2) _hoe

(3) _hip

2. 그림에 맞는 단어를 아래 □ 속에서 골라 써 봅시다.

(1)

(2)

(3)

(4)

(5)

(6)

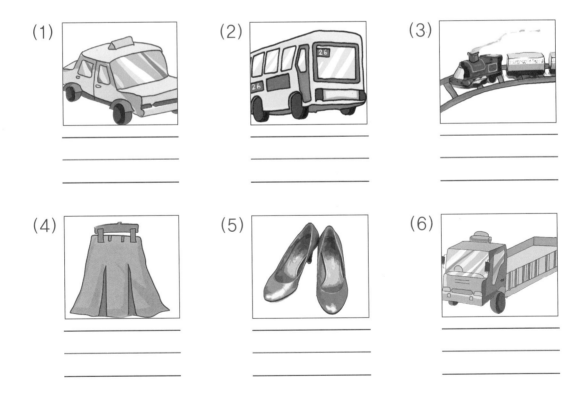

shoe taxi bus skirt truck train

3.그림과 맞는 단어를 서로 연결해 봅시다.

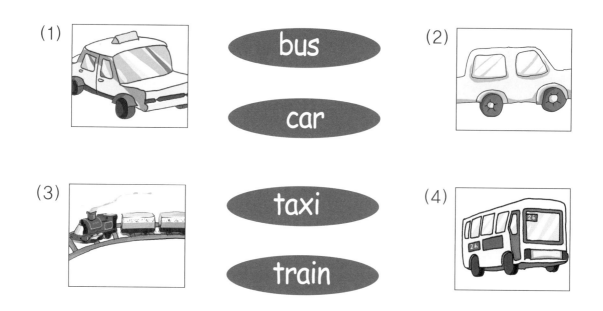

4.다음 사다리를 따라가 맞는 것에 O표를 해 봅시다.

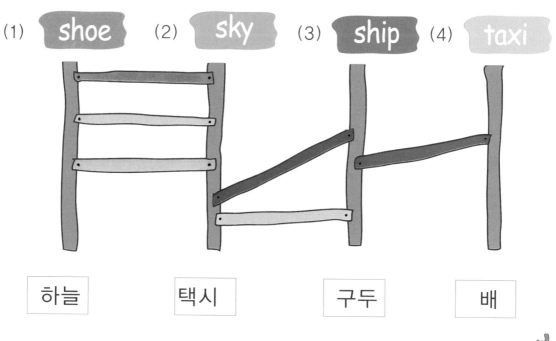

알파벳 U u의 쓰는 순서를 배우고 부록편에 써 봅시다.

⭐ 알파벳 u v로 시작하는 단어를 배워 봅시다.

umbrella

우산 엄브뢸러

under

~의 아래에 언덜

up

위로 업

uncle

아저씨 엉끌

village

마을 빌리쥐

violin

바이올린 뵈이얼린

visit

방문하다 뷔짓

vegetable

야채 뵈쥐터블

very

매우 뵈뤼

 색깔의 이름을 배워 봅시다.

black

검은색 블랙

yellow

노란색 엘로우

purple

보라색 퍼–플

red

빨간색 뢰드

pink

분홍색 핑크

green

초록색 그뤼인

orange

주황색 어–륀지

blue

파란색 블루–

white

하얀색 와이트

1. 그림에 알맞은 단어의 첫자를 빈칸에 써 봅시다.

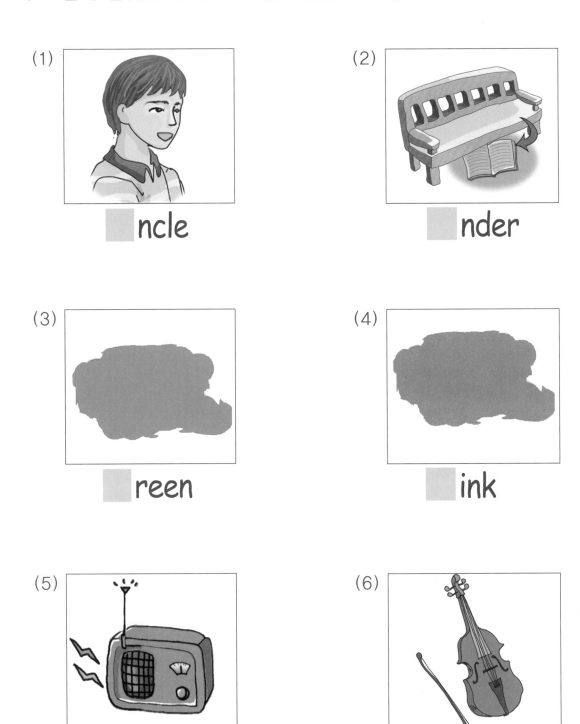

(1) ncle

(2) nder

(3) reen

(4) ink

(5) adio

(6) iolin

2. 그림에 맞는 단어를 써 넣어 퍼즐을 완성해 봅시다.

(1) yellow (2) unele (3) red (4) violin

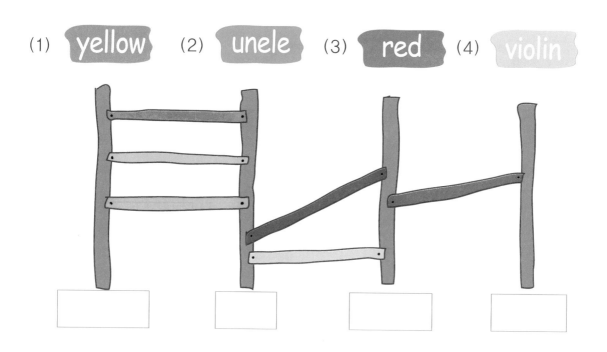

3. 빠진 알파벳을 넣어 단어를 완성시켜 봅시다.

(1) 아저씨   u   [ ]   e   l   e

(2) 파란색   b   l   [ ]   e

(3) 검은색   b   l   a   c   [ ]

(4) 바이올린   [ ]   i   o   l   i   n

알파벳 W w의 쓰는 순서를 배우고 부록편에 써 봅시다.

알파벳 X x의 쓰는 순서를 배우고 부록편에 써 봅시다.

⭐ 알파벳 w x로 시작하는 단어를 배워 봅시다.

watch
손목시계 왓취

way
길 웨이

woman
여자 우먼

winter
겨울 윈터얼

wood
목재 우드

world
세계 워-ㄹ드

wind
바람 윈드

xmas
크리스마스 크리스머스

xylophone
실로폰 자일러포운

☆ 집의 시설물 이름을 배워 봅시다.

yard
안마당 야-드

lobby
현관의 홀 라비

balcony
베란다 벨커니

mailbox
우편함 메일박스

garden
정원 가-ㄹ든

roof
지붕 루-프

doorbell
초인종 도어-벨

hall
현관 홀

door
문 도어-

1.그림에 알맞은 것끼리 선으로 연결해봅시다.

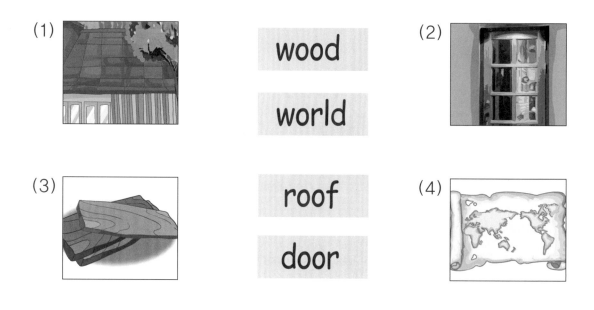

(1)

wood

world

(2)

(3)

roof

door

(4)

2.다음 그림을 보고 맞은 단어에 ○표를 해 봅시다.

(1)

wind   arm   dog

(2)

bed   way   map

3. 서로 맞는 것끼리 선으로 연결해 봅시다.

(1)

(2)

(3)

(4)

(5)

world

wind

xmas

mirror

woman

알파벳 Y y의 쓰는 순서를 배우고 부록편에 써 봅시다.

알파벳 Z z의 쓰는 순서를 배우고 부록편에 써 봅시다.

알파벳 Y y의 쓰는 순서를 배우고 부록편에 써 봅시다.

알파벳 Z z의 쓰는 순서를 배우고 부록편에 써 봅시다.

★ 알파벳 y z로 시작하는 단어를 배워 봅시다.

year

해 이열

yellow

노란색 엘로우

yes

네 예스

you

너 유-

young

젊은 영

yesterday

어제 예스털데이

zebra

얼룩말 지-브러

zero

영 지어로우

zipper

지퍼 지퍼-

✭ 방향과 건물의 이름을 이름을 배워 봅시다.

south

남쪽 싸우쓰

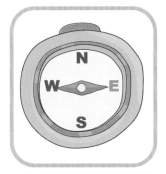

east

동쪽 이-스트

north

북쪽 노-쓰

west

서쪽 웨스트

desert

사막 데저-트

bridge

다리 브릿쥐

zoo

동물원 주-

station

역 스때이션

bank

은행 뱅크

🍄 해 답

알파벳 단어 따라쓰기

p. 10~11p

1.

(1) ball-공 (2) ant-개미

(3)grape--포도 (4) bee--벌

2.

(1)apple-사과 (2)banana-바나나

(3)tomato-토마토 (4)pear--배

(5)fruit-과일 (6)kiwi-키위

(7)melon-멜론 (8)lemon-레몬

(9)orange-오렌지

---

p. 16~17p

1.

(1)case-상자 (2)robot-로보트

(3)cap-모자 (4)pants--바지

(5)doll-인형 (6)car-자동차

(7)desk-책상 (8)duck-오리

2.

(1)dress-드레스 (2)skirt-스커트,치마

(3)umbrella-우산 (4)toy--장난감

(5)robot-로보트

---

p. 22~23p

1.

(1)arm-팔 (2)cap-모자

(3)dog-개 (4)bed--침대

(5)clock-탁상시계 (6)door-문

2.

(1)arm-팔 (2)cap-모자

(3)ball-공(4)bed--침대

(5)banana-바나나 (6)desk-책상

---

p. 28~29p

(1)hat-모자 (2)grass-잔디

(3)green-녹색(4)hen--암닭

(5)hill-언덕 (6)grass-잔디

(7)grape-포도 (8)glove-장갑

(1)dress-드레스 (2)hill-언덕
(3)cat-고양이 (4)tiger--호랑이

---

p. 34~35p

1.

(1)milk-우유 (2)man-사람
(3)oil-기름 (4)jim--잼
(5)ice-얼음 (6)pig-돼지

2.

(1)ink-잉크 (2)ornge-오렌지
(3)rose-장미

3.

(1)주스-juice (2)잉크-ink
(3)섬-island (4)수프- soup
4.

(1)juice-주스 (2)jump-점프
(3)ink -잉크 (4)beef-쇠고기

---

p. 40~41p

1.

(1)sofa-소파 (2)window-창문
(

(3)room-방 (4)door--문
(5)key-열쇠 (6)bed-침대
2.

(1)land-육지 (2)lip-입술
(3)king-왕

3.

(1)칼-knife (2)호수-like
(3)방-room (4)무릎-knee
4.

(1)육지-land (2)열쇠-key
(3)소파-sofa (4)등불-lamp

---

p. 46~47p

1.

(1)mail-우편 (2)map-지도
(3)uncle-아저씨 (4)baby--아기
2.

(1)uncle-아저씨 (2)brother-
남자형제
(3)sister-여자형제 (4)aunt--
아주머니
3.

(1)night-밤 (2)man-남자

(3)map-지도 (4)moon--달

p. 52~53p

1.

(1)park-공원 (2)desk-책상

(3)paper-종이

2.

(1)park-공원 (2)old-늙은

(3)desk-책상

3.

(1)pants-바지(2)piano-피아노

(3)pink-분홍색(4)school-학교

p. 58~59p

1.

(1)물-water (2)라디오-radio

(3)로보트-robot (4)공기-air

2.

(1)빨간색-red (2)반지-ring

(3)로보트-robot

3.

(1)비-rain (2)별-star

(3)바람-wind (4)바다-sea

4.

(1)바다-sea (2)반지-ring

(3)지붕-roof (4)바람-wind

p. 64~65p

1.

(1)차-car (2)신-shoe   (6)truck

(3)배-ship

2.

(1)택시-taxi (2)버스-bus

(3)기차- train

(4)치마-skirt (5)신-shoe

(6)트럭-truck

3.

(1)택시-taxi (2)자동차-car

(3)기차-train (4)버스-bus

4.

(1)shoe-배(x) (2)sky-하늘(o)

(3)ship-구두(x)(4)taxi-택시(o)

p. 70~71p

1.

(1)uncle (2)under

(3)green (4)pink

(5)radio (6)violin

2.

(1)yellow-노란색 (2)uncle-아저씨

(3)red-빨간색 (4)violin-바이올린

3.

(1)아저씨-uncle (2)파란섹-blue

(3)검은색-black (4)바이올린-violin

2.

(1)바람-wind (2)길-way

3.

(1)여자-woman (2)바람-wind

(3)세계-world (4)크리스마스-xmas

(5)거울-mirror

p. 76~77p

1.

(1)지붕-roof (2)문-door

(3)목재-wood (4)세계-world

부록

알파벳 단어
따라쓰기

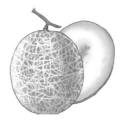

⭐ 알파벳 A·a의 대문자와 소문자를 써 봅시다.

APPLE

에 이

A A A A A

ant

에 이

a a a a a a a a

⭐ 알파벳 a로 시작하는 단어를 따라 써 봅시다.

aunt   air   animal
_____   _____   _____

아주머니 · 앤트   공기 · 에어ㄹ   동물 · 애니멀

aunt   air   animal

aunt   air   animal

aunt   air   animal

알파벳 B · b의 대문자와 소문자를 써 봅시다.

 BAG

비 이

B B B B B

 ball

비 이

b b b b b b b

알파벳 b로 시작하는 단어를 따라 써 봅시다.

   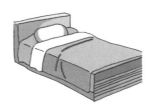   

bear   bed   banana

곰 · 베어ㄹ   침대 · 뱃   바나나 · 버내너

bear   bed   banana

bear   bed   banana

bear   bed   banana

⭐ 알파벳 C·c의 대문자와 소문자를 써 봅시다.

      CAP

   C C C C C

      case

   C C C C C C

⭐ 알파벳 C로 시작하는 단어를 따라 써 봅시다.

cake	car	candy

케이크 · 케이크	자동차 · 카ㅡㄹ	사탕 · 캔디

cake   car   candy

cake   car   candy

cake   car   candy

알파벳 D·d의 대문자와 소문자를 써 봅시다.

DOG

D D D D D

doll

⭐ 알파벳 d로 시작하는 단어를 따라 써 봅시다.

deer   dish   desk

사슴 · 디얼   접시 · 디쉬   책상 · 데스크

deer   dish   desk

deer   dish   desk

deer   dish   desk

⭐ 알파벳 E·e의 대문자와 소문자를 써 봅시다.

ERASER

이-

E E E E E

egg

이-

e e e e e e

98

⭐ 알파벳 e로 시작하는 단어를 따라 써 봅시다.

earth	eye	evening
지구 · 어-ㄹ쓰	눈 · 아이	저녁 · 이브닝

earth eye evening

earth eye evening

earth eye evening

알파벳 F·f의 대문자와 소문자를 써 봅시다.

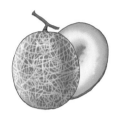

FRUIT

 에 프

F F F F F

father

 에 프

f f f f f f f

⭐ 알파벳 f로 시작하는 단어를 따라 써 봅시다.

fish

물고기 · 퓌쉬

fish

fish

fish

foot

발 · 풋

foot

foot

foot

flower

꽃 · 플라워

flower

flower

flower

알파벳 G · g의 대문자와 소문자를 써 봅시다.

  GIRL

 G G G G G

  glove

쥐 이 g g g g g g g g

⭐ 알파벳 g로 시작하는 단어를 따라 써 봅시다.

grass	gas	grape
잔디 · 그뢰쓰	가스 · 개스	포도 · 그뢰입

grass   gas   grape

grass   gas   grape

grass   gas   grape

⭐ 알파벳 H·h의 대문자와 소문자를 써 봅시다.

  HAND

에이취

  hat

에이취

104

알파벳 h로 시작하는 단어를 따라 써 봅시다.

house   hair   hotel

집 · 하우스   머리카락 · 헤얼   호텔 · 호텔

house   hair   hotel

house   hair   hotel

house   hair   hotel

⭐ 알파벳 I·i의 대문자와 소문자를 써 봅시다.

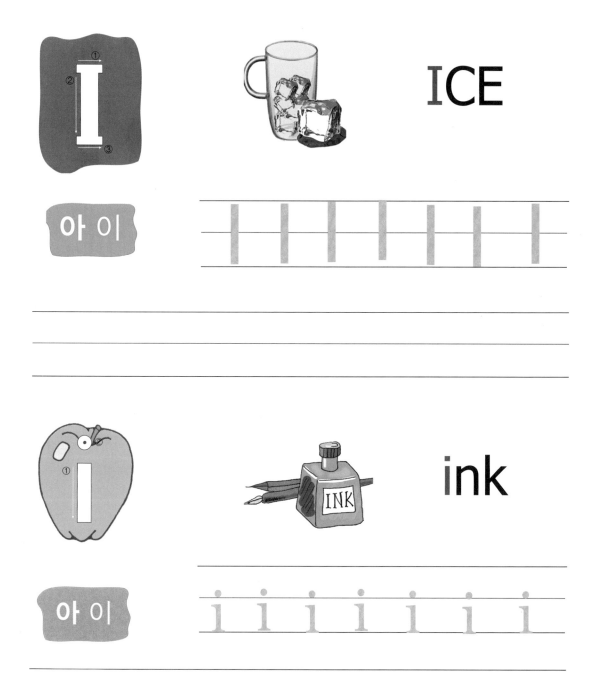

ICE

아 이

ink

아 이

☆ 알파벳 i로 시작하는 단어를 따라 써 봅시다.

island   insect   idea

섬 · 아일랜드   곤충 · 인섹트   생각 · 아이디어

island   insect   idea

island   insect   idea

island   insect   idea

⭐ 알파벳 J·j의 대문자와 소문자를 써 봅시다.

JUICE

쥐 이

J J J J J J J

jam

쥐 이

j j j j j j j j

108

⭐ 알파벳 j로 시작하는 단어를 따라 써 봅시다.

job   jump   jacket

직업 · 좝   뛰어오르다 · 점프   상의, 재킷 · 재킷

job   jump   jacket

job   jump   jacket

job   jump   jackett

⭐ 알파벳 K · k의 대문자와 소문자를 써 봅시다.

KEY

케 이

K K K K K

king

케 이

k k k k k k

⭐ 알파벳 k로 시작하는 단어를 따라 써 봅시다.

knee

knife

kid

무릎 · 니-

칼 · 나이프

어린이 · 키드

knee

knife

kid

knee

knife

kid

knee

knife

kid

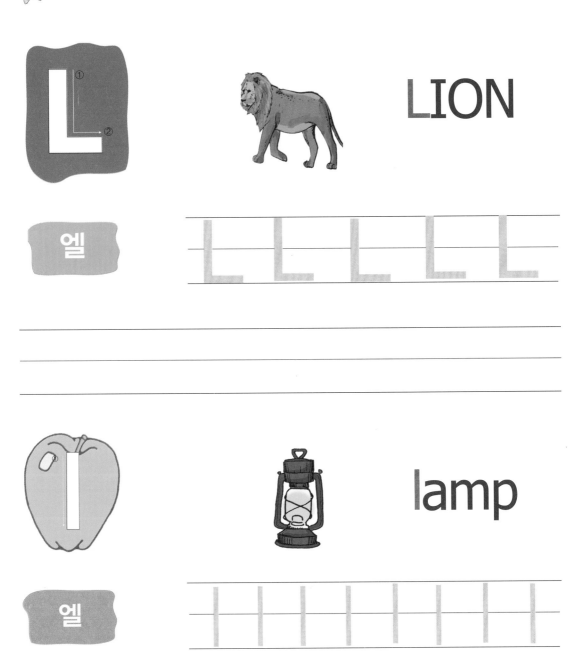

LION

엘

lamp

엘

⭐ 알파벳 l로 시작하는 단어를 따라 써 봅시다.

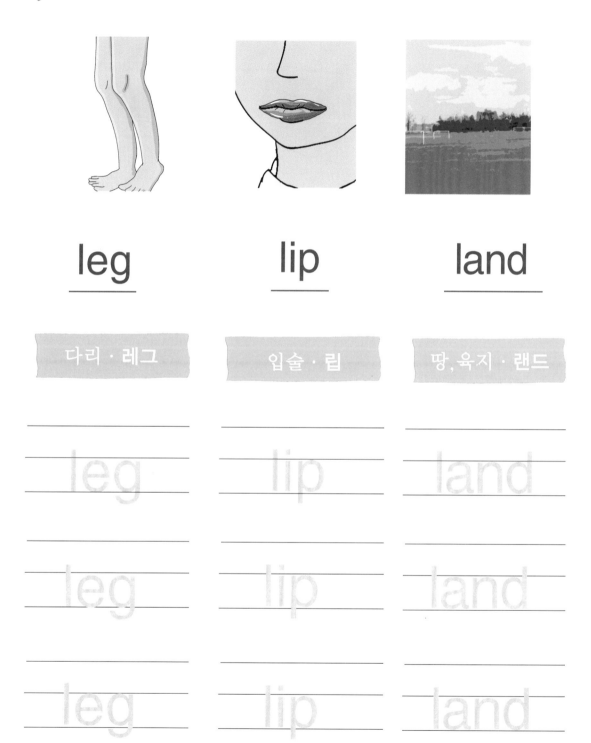

leg

lip

land

다리 · 레그

입술 · 립

땅, 육지 · 랜드

leg

lip

land

leg

lip

land

leg

lip

land

MAP

엠

M M M M

milk

엠

m m m m m

market   mail   man

시장 · 마＝ 르 킷   우편 · 메일   남자 · 맨

market   mail   man

market   mail   man

market   mail   man

알파벳 N·n의 대문자와 소문자를 써 봅시다.

 NURSE

엔

N N N N N

 news

엔

n n n n n n

☆ 알파벳 n로 시작하는 단어를 따라 써 봅시다.

night

nail

neck

밤 · 나잇

손톱 · 네일

목 · 넥

night

night

night

nail

nail

nail

neck

neck

neck

알파벳 O·o의 대문자와 소문자를 써 봅시다.

ORANGE

 오우

old

 오우

알파벳 o로 시작하는 단어를 따라 써 봅시다.

oven   office   oil

oven   office   oil

oven   office   oil

oven   office   oil

⭐ 알파벳 P · p의 대문자와 소문자를 써 봅시다.

  **PARK**

 P P P P P

  **pen**

 p p p p p p

알파벳 p로 시작하는 단어를 따라 써 봅시다.

pig
————

piano
————

plane
————

돼지 · 픽

피아노 · 피애노우

비행기 · 플레인

pig

piano

plane

pig

piano

plane

pig

piano

plane

QUEEN

quiz

☆ 알파벳 q로 시작하는 단어를 따라 써 봅시다.

quiet	quick	question
조용한 · 콰이엇	빠른 · 퀵	질문 · 퀘스천

quiet   quick   question

quiet   quick   question

quiet   quick   question

알파벳 R · r의 대문자와 소문자를 써 봅시다.

RIVER

아-ㄹ

R R R R R

rose

아-ㄹ

r r r r r r r

알파벳 r로 시작하는 단어를 따라 써 봅시다.

red	ring	robot
빨간 · 레드	반지 · 링	로보트 · 라벗

red   ring   robot

red   ring   robot

red   ring   robot

⭐ 알파벳 S·s의 대문자와 소문자를 써 봅시다.

SNOW

에 스

S S S S S

star

에 스

S S S S S S

⭐ 알파벳 s로 시작하는 단어를 따라 써 봅시다.

school   **sky**   **shoe**

school   sky   shoe

school   sky   shoe

school   sky   shoe

⭐ 알파벳 T·t의 대문자와 소문자를 써 봅시다.

TREE

티–

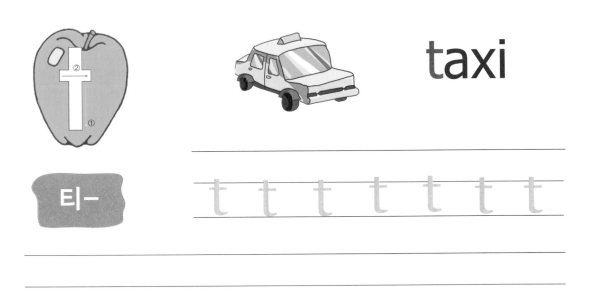

taxi

티–

128

알파벳 t 로 시작하는 단어를 따라 써 봅시다.

table

toy

truck

식탁 · 테이블

장난감 · 토이

트럭 · 츄럭

table

toy

truck

table

toy

truck

table

toy

truck

⭐ 알파벳 U · ua의 대문자와 소문자를 써 봅시다.

UNCLE

U U U U U U

umbrella

u u u u u u u

★ 알파벳 u로 시작하는 단어를 따라 써 봅시다.

uniform	up	under
제복 · 유니폼	위로, 업	~아래에 · 언덜

uniform   up   under

uniform   up   under

uniform   up   under

알파벳 V ·v의 대문자와 소문자를 써 봅시다.

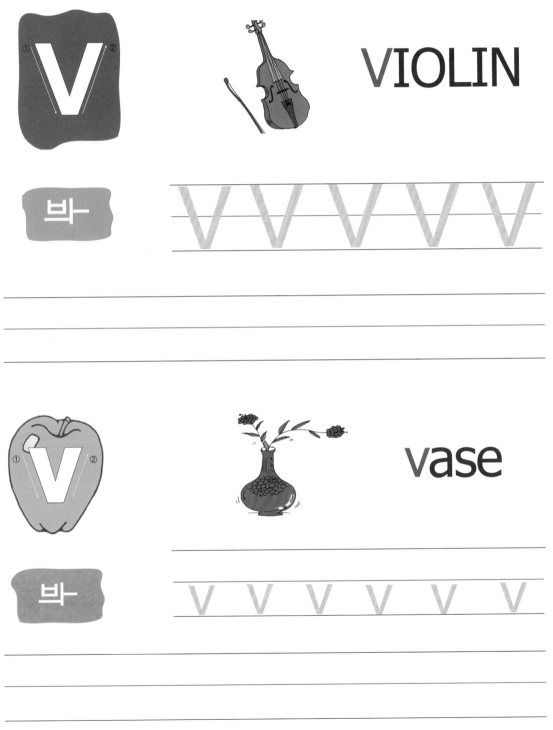

VIOLIN

vase

알파벳 v로 시작하는 단어를 따라 써 봅시다.

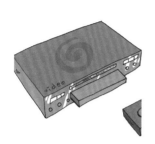  

video   visit   voice

비디오 · 브이디오   방문하다 · 뷔짓   목소리 · 보이스

video   visit   voice

video   visit   voice

video   visit   voice

★ 알파벳 W · w의 대문자와 소문자를 써 봅시다.

WATCH

더블유　　W　W　W　W

wind

더블유　　W　W　W　W　W

☆ 알파벳 w 로 시작하는 단어를 따라 써 봅시다.

window	way	woman
창문 · 윈도우	길 · 웨이	여자 · 우먼

window   way   woman

window   way   woman

window   way   woman

⭐ 알파벳 X·x의 대문자와 소문자를 써 봅시다.

  X-RAY

 X X X X X

  xmas

엑스 X X X X X X

⭐ 알파벳 x로 시작하는 단어를 따라 써 봅시다.

xylophone	x-ray	xmas
실로폰 · 자일러폰	엑스레이 · 엑쓰레이	크리스마스 · 크리스머스

xylophone   x-ray   xmas

xylophone   x-ray   xmas

xylophone   x-ray   xmas

 **YOUNG**

와이

Y Y Y Y Y

 yellow

와이

y y y y y y y

☆ 알파벳 y로 시작하는 단어를 따라 써 봅시다.

yard

young

yellow

안마당 · 야드

젊은 · 영

노랑 · 옐로우

yard

young

yellow

yard

young

yellow

yard

young

yellow

ZOO

지이

ZZZZZ

zebra

지이

ZZZZZZ

알파벳 Z로 시작하는 단어를 따라 써 봅시다.

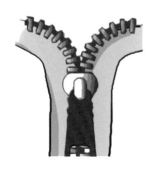

zipper

zoo

zebra

지퍼 · 지퍼-ㄹ

동물원 · 주-

얼룩말 · 제브러

zipper

zoo

zebra

zipper

zoo

zebra

zipper

zoo

zebra

새 엄마알파벳·단어
어떻게 배워요

초판 1쇄 발행 2017년 12월 15일

글 Y&M 어학 연구소

펴낸이 서영희 | **펴낸곳** 와이 앤 엠

편집 임명아 | **책임교정** 하연정

본문인쇄 명성 인쇄 | **제책** 정화 제책

제작 이윤식 | **마케팅** 강성태

주소 120-848 서울시 서대문구 홍은동 376-28

전화 (02)308-3891 | Fax (02)308-3892

E-mail yam3891@naver.com

등록 2007년 8월 29일 제312-2007-000040호

ISBN 978-89-93557-85-5 63710

본사는 출판물 윤리강령을 준수합니다.